# Inhalt

**Datenübertragung - Drahtlose Übertragungsstandards auf dem Vormarsch**

Kernthesen

Beitrag

Fallbeispiele

Zahlen und Fakten

Weiterführende Literatur

Impressum

GENIOS BranchenWissen Nr. 09/2005 vom 09.09.2005

# Datenübertragung - Drahtlose Übertragungsstandards auf dem Vormarsch

*Autor GENIOS BranchenWissen: M. Westphal*

## Kernthesen

- Das Datenübertragungsangebot wird für die Kunden unübersichtlicher, da sich für die einzelnen Anwendungsgebiete unterschiedliche Übertragungsstandards prädestinieren.
- Die Zahl drahtloser Übertragungsstandards nimmt zu.
- Insbesondere für den typischen DSL-Zugang entwickelt sich hier harte Konkurrenz.

# Beitrag

Die Zahl drahtloser Übertragungsstandards steigt kontinuierlich und ist langsam kaum mehr zu überblicken. Bluetooth, W-Lan, UMTS, GPRS, Wimax, ZigBee, NanoNet oder UWB (Ultra Wideband) verlangen nun auch vom Konsumenten Detailwissen. Welche dieser Technologien sich letztendlich für welche Anwendungen durchsetzen werden, wird erst die Zukunft zeigen. (4)

# DSL: Immer noch mangelnde Verbreitung

Die weißen Flecken in der DSL-Landschaft kommen besonders häufig in Mecklenburg-Vorpommern und Brandenburg vor. Sie sind aber auch in Bayern, Hessen und Niedersachsen zu finden. Gemäß dem Bandbreitenatlas des Bundeswirtschaftsministeriums ist hier kein DSL-Anschluss in das Internet verfügbar. Die Hauptverteiler der Deutschen Telekom, die auch von den Telekom-Konkurrenten wie Arcor, Hansenet oder Versatel genutzt werden, sind auch in vielen ländlichen Gebieten zu spärlich gesät als dass alle potenziellen Kunden mit einem Anschluss rechnen können. Nur ein Umkreis von 3,5 Kilometer um

aufgerüstete Anschlüsse kann letztendlich mit DSL-Anschlüssen versorgt werden. Je weiter sich der Kunde außerhalb dieser Spannweite befindet, desto geringer seine Chance auf einen Anschluss. (2)
Für Bewohner dieser weißen Flecken sind die Möglichkeiten der Informationsgesellschaft begrenzt. So können Studiengänge via Internet nur schwierig durchgeführt werden, Freiberufler wandern aus diesen Zonen häufig sogar aus. (2)

Ein Grund für die bisher mangelnde Verbreitung des Internetanschlusses via DSL sehen Beobachter im mangelnden Wettbewerb in Deutschland. Die Dominanz des ehemaligen Telekom-Monopolisten und seiner Breitbandtechnik DSL ist in keinem europäischen Land so groß wie in Deutschland. Übertragungstechniken wie Fernsehkabel, Satellit oder Funk spielen in Deutschland im Gegensatz zum Ausland nur eine untergeordnete Rolle. (2)

Die Telekom bekommt aber auch Konkurrenz aus dem eigenen Haus. Die Bundesnetzagentur will die Line-Sharing-Entgelte auf ein in Europa gültiges Niveau senken. Telefonica oder AOL könnten somit das Datenband der Telefonleitung günstig von der Telekom mieten, um den DSL-Wettbewerb zu entfachen. (2)

# Fernsehkabel: Fernsehen und zusätzlich surfen im Internet?

Kabel Deutschland will in Rheinland-Pfalz und im Saarland in den nächsten Monaten rund 30 Millionen Euro investieren, um für eine flächendeckende Aufrüstung seiner Netze für das schnelle Internet zu sorgen. So könnten dann in diesen beiden Bundesländern etwa 700 000 Kunden mit Internetzugängen und Telefonanschlüssen via Kabel versorgt werden.
Auch Kabel Baden-Württemberg will bis 2010 sein Netz für Internet-Nutzung flächendeckend ausbauen. Bis jetzt hat man immerhin schon die Technik für eine Million Haushalte modernisiert. So hat man hier 37 000 der insgesamt 3,1 Millionen Kunden erreicht, die über ihr Kabel nicht nur fernsehen, sondern auch im Internet surfen. 90 Prozent dieser Kunden telefonieren auch über das Kabel. (2)

Das Kabel bietet nach den einmal zu tätigenden Investitionen viele Vorteile. So sind in Japan bereits Kabelnetze mit Datenleistungen von bis zu 100 Mbit/s eingeführt. Als technische Voraussetzung ist ein Kabelmodem nötig.
Die Preise bewegen sich in etwa auf DSL-Niveau, so bietet Kabel Baden-Württemberg einen Internet-Zugang mit einem Megabit pro Sekunde für knapp 30

Euro an und integriert hier eine Flatrate für unbegrenztes Surfen. (2)

# Satellitenübertragung: Freie Sicht in Richtung Süden?

Die Anbieter für Satellitenübertragung von breitbandigem Internet sind die Deutsche Telekom, die Internetagentur Schott, Europe Online oder Teles. Sie nutzen Satelliten für die Datenübertragung, so bietet Teles unter dem Namen Sky-DSL Internetverbindungen über den Eutelsat-Satelliten mit bis zu 24 Mbit/s an. Ein wesentlicher Nachteil der Internet-Übertragung via Satellit besteht in dem fehlenden Rückkanal, der häufig durch traditionelle Modem- oder ISDN-Verbindungen kompensiert wird, um Daten in das Internet zu senden. Ebenso muss z.B. im Falle des Teles-Angebotes eine freie Sicht in Richtung Süden vorhanden sein.
Im Satelliten-Geschäft sind Flatrates nicht üblich, die Preise orientieren sich an der genutzten Zeit oder den übertragenen Datenvolumina. So verlangt Teles je nach Priorität und Geschwindigkeit zwischen 0,9 und 9,9 Cent je Megabit Datenvolumen, Schott berechnet zwischen 3,9 und 5,5 Cent je Minute. (2)

# Funktechniken: Rosige Zukunftsaussichten prognostiziert

Die größte Zukunft wird den Funktechniken vorausgesagt. So können Daten über Wimax bis maximal 50 Kilometer in sehr hoher Geschwindigkeit übertragen werden. Obwohl sich diese Technologie noch in der Testphase befindet, wird sie in der Praxis bereits eingesetzt, so arbeiten die Deutschen Breitband Dienste (DBD) mit Sitz in Heidelberg mit O2 zusammen. Ebenso versorgt Airdata bisher DSL-freie Gebiete in Stuttgart, Berlin und Bensberg mit schnellen Internet-Zugängen.
Es muss in dem jeweiligen Gebiet nur eine Funknetzinfrastruktur aufgebaut werden. Danach ist sogar tragbares Internet möglich, das Modem kann dann zu Hause bleiben. Auch Internettelefonie ist damit möglich.
Die Preise liegen etwas über DSL-Niveau. Nur bei komplettem Umstieg auf die Internettelefonie und damit Kündigung des kabelgebundenen DSL und Telefons kann man mit vergleichbaren Kosten rechnen.
Ein Funk-Anschluss inklusive Flatrate kostet derzeit rund 50 Euro im Monat. (2)

# Wimax hat seinen Testbetrieb aufgenommen

Das sagenumwobene Datenfunkverfahren Wimax (gesprochen why Max) hätte im Umkreis von 70 Kilometern Daten mit 50 Megabit pro Sekunde übertragen sollen. Aber die vollmundigen früheren Aussagen zu UMTS, welches über 2 Mbit/s hätte erreichen sollen, wurde zur Markteinführung Ende 2004 mit einer Übertragungsleistung von nur 0,384 Mbit/s enttäuscht.Die Telekom hat für Wimax in St. Augustin den Testbetrieb aufgenommen und erreicht solide 1,03 Mbit/s. (1) (6)
Die Frage ist, wozu der Markt Wimax braucht. DSL-Anschlüsse sind schneller und die entsprechenden Leitungen sind vorhanden was den Aufwand verringert. Wimax ist außerdem noch nicht komplett standardisiert. Wimax stellt eine stationäre Funkverbindung dar für Gebiete wo Leitungen fehlen, zu lang sind oder aber leider aus Glas anstelle Kupfer. In Deutschland sind es etwa zehn Prozent der Haushalte, die kein DSL erhalten können.
Auch die Optionen, Stromleitungen mit DSL zu modulieren oder aber Glasfaserleitungen so zu konfigurieren, dass auch sie DSL-Daten leiten könnten erscheinen schwierig.
So bleibt Wimax als einzige ernstzunehmende Alternative, die nicht DSL-fähigen Telefonanschlüsse

trotzdem mit schnellem Datenverkehr zu beglücken.
(1)

Bei Wimax wird die Bandbreite von theoretisch möglichen maximalen 50 Mbit/s auf die Nutzung der Kunden aufgeteilt. So nutzt ein Kunde, der relativ weit von der Sendestation entfernt ist, bei identischer individuell ankommender Datenmenge mehr Bandbreite als ein Kunde, der näher an der Station positioniert ist. Ebenso verringert natürlich ein Kunde, der große Bandbreiten aufgrund großer transportierter Datenvolumina verbraucht das zur Verfügung stehende Volumen für die restlichen Nutzer (oder aber bekommt eine langsamere Verbindung zugewiesen).
Wie das in der Praxis aussieht zeigt die Telekom in einem Betriebsversuch mit 52 Nutzern, die alle auf ihrem Dach eine wetterfeste quadratische Antenne in der Größe eines DIN A4-Blattes installieren müssen. Diese Antenne empfängt und funkt jeweils 100 Milliwatt. Eine abgeschirmte Leitung führt von dieser Antenne zu einem versorgenden Modem im Haus. Diese Installation wird zum Feldversuch natürlich noch von der Telekom durchgeführt, birgt aber auch ihre Tücken.
Hinter dem Modem läuft für den Kunden alles wie bei einem DSL-Festnetzanschluss. Die Übertragungsrate beträgt dann etwa 1 Mbit/s mit Ping-Raten (Antwortzeit) von 38 Millisekunden, was

durchaus DSL-adäquat ist.
Ende dieses Feldversuchs ist der 31.03.2006. Erst dann wird entschieden, ob sich diese Technologie etablieren wird. Ein wesentlicher Erfolgsfaktor wird sein, wie viel ein um HSDPA aufgebohrtes UMTS wirklich leisten wird und was das kosten würde. Ebenso muss abgewartet werden, ob die benötigten Frequenzen wiederum verkauft werden und wenn ja, was sie kosten. (1)
HSDPA nutzt ein ausgefeiltes Modulationsverfahren sowie eine adaptive Fehlerkorrektur, um so bei UMTS die Geschwindigkeit zu erhöhen und die Latenzzeiten zu verbessern. Es soll noch in 2005 eingeführt werden und wird abwärtskompatibel zu UMTS sein, sodass heutige UMTS-Endgeräte auch weiterhin funktionieren. (6)

## Wofür sind die anderen drahtlosen Übertragungsstandards prädestiniert?

ZigBee (Reichweite zehn bis 75 Meter) und NanoNet (Reichweite im Gebäude bis 60 Meter außerhalb bis 900 Meter) werden z. B. für die Vernetzung von Haushaltsgeräten genutzt werden können. UWB ist für persönliche Netzwerke prädestiniert, da es z. B. im

Gegensatz zu Bluetooth Daten mit bis zu 200 Mbit/s überträgt. UWB nutzt dabei eine vergleichsweise geringe Sendeleistung was zu Reichweiten um etwa zehn Meter führt und diese Technologie damit für die Übertragung von Video- und Audiodaten prädestiniert. Allerdings erweist sich die Zuteilung von Lizenzen als schwierig, was zu einer Markteinführung nicht vor 2007 führen wird. (4)

## Welche zukünftigen Entwicklungen sind hier noch zu erwarten?

Firmen wie Cisco, Motorola und Airgo möchten einen neuen Standard für Funkübertragungstechnik verabschieden. Der als IEEE 802.11g bekannte Standard für W-Lan würde durch die neue Technologie unter dem Kürzel IEEE 802.11n eine um zehnmal höhere Datengeschwindigkeit ermöglichen. Sollte die Einigung schnell stattfinden, könnte der kabellose Surfer schon im kommenden Jahr seine Rechner mit entsprechenden Funkkarten ausstatten um somit mit 200 bis 500 MBit/s zu surfen. Außerdem würde die Reichweite der Netze erhöht werden, Funklöcher könnten vermieden werden und mehrere Nutzer könnten besser eine einzige Basisstation

nutzen. Bedeutend ist dieser neue Standard nicht nur für drahtlose Übertragung von Computerdaten, sondern auch für die schnurlose Daten- z. B. Videoübertragung im Eigenheim. Im September wird auf der Internationalen Funkausstellung (IFA) in Berlin zu sehen sein, wie ein kompletter Datenspeicher mit CD- und DVD-Sammlung bepackt, das ganze Haus mit Musik, Daten und Videos versorgt. Mit dem heutigen Standard 802.11g ist Video-Übertragung vor allem in HDTV-Qualität nicht möglich.
Künftige Sender und Empfänger werden außerdem nicht mehr nur noch mit einer sondern mit drei oder vier Antennen ausgestattet sein. Dieses Mimo (Multiple Input, Multiple Output) genannte Verfahren ermöglicht den Datenaustausch nicht mehr nur über einen, sondern auch über parallele Funkkanäle womit im Labor bereits Datenraten von 600 Mbit/s möglich sind. Außerdem erhöht sich so die Robustheit, Reichweite und Datenrate.
Neben der um das Vierfache steigerbaren Übertragungsrate wollen die Entwickler den Funkraum in seiner Breite auf 40 Megahertz verdoppeln was letztendlich eine Verachtfachung des Datenvolumens ermöglicht.
Bisher besteht das Problem in der effektiven Trennung der Signale. Bei Sender und Empfänger müssen die Datenpakete mittels komplexer Algorithmen je nach Funkkanal erkannt und wieder

zum kompletten Dokument oder Videobild zusammengesetzt werden. Die entsprechenden Mechanismen und Chipsets sind erst jetzt marktreif geworden.
Mimo bedient sich hierbei Effekten, die Reichweiten und Datenmengen eher beschränkten wie Funkwellen an Häuserwänden und Wohnungstüren. Ohne die Streuung dieser Signale würde Mimo nicht funktionieren.
Auch Wimax könnte von der Mimo-Technologie profitieren.

## Und was will der Kunde?

Die Kunden interessieren die vielen unterschiedlichen Übertragungsstandards letztendlich nicht. Sie interessiert, dass ihre E-Mail-Programme immer gleich aussehen und gleich funktionieren. Sie möchten, dass sich ihr Endgerät immer und automatisch die jeweils schnellste oder billigste Verbindung sucht und die Netze frei wechselt, ohne davon etwas mitzubekommen.
Im Standardisierungsgremium 3rd Generation Partnership Project (3GPP) wird von Mobilfunkunternehmen an einer Plattform IP Multimedia Systems (IMS) gearbeitet, die solche Angebote koordiniert. (5)

## Fallbeispiele

Die US-Firma xG Technology hat ihr xMax genanntes System vorgestellt. Es arbeitet mit Radiowellen im Megahertz-Bereich und erreicht damit größere Reichweiten als Funknetze wie W-Lan oder auch Wimax, die beide im Gigahertz-Bereich senden. Außerdem ist der Energie-Verbrauch deutlich geringer. Es werden angeblich nicht einmal eigene Sendefrequenzen benötigt, da es die gleichen Signale nutzt, die auch Fernsehsignale transportieren, ohne diese zu stören. Der geringe Energiebedarf dieser auch zur Sprachübertragung geeigneten Technologie kann künftig außerdem helfen, die Laufzeit von Handy-Akkus erheblich zu verlängern.

Über Funktechniken will der Anbieter Airdata die weißen Flecken in der DSL-Landkate erreichen. Aufgrund der großen Anzahl dieser Flecken sieht Airdata gute Marktchancen, immerhin haben sich schon Bürgermeister, Wirtschaftsfördervereine und Unternehmen in 6 500 Anfragen an das Unternehmen gewandt. (2)

# Zahlen & Fakten

Für 91 Prozent der Bevölkerung ist DSL verfügbar. Aber bis jetzt haben sich nur 18 Prozent der Haushalte und 55 Prozent der Unternehmen an DSL angeschlossen.

Damit liegt Deutschland im internationalen Vergleich weit abgeschlagen zurück.

Die Politik ist bestrebt, diesen Standortnachteil aufzuholen, so sollen bis Jahresende die Zahl der Breitbandnutzer von 8,5 auf zehn Millionen erhöht werden, die Verfügbarkeit der Breitbandnetze soll auf 95 Prozent erhöht werden, die Nutzerquote der Haushalte auf 50 Prozent gesteigert werden. (2)

Kabel Deutschland, Kabel Baden-Württemberg und ISH als die drei deutschen Kabelnetzbetreiber haben zusammen nur 75 000 Kunden, von denen das Kabel auch als Internetanschluss genutzt wird. Ebenso ist der Satellitenanbieter Teles mit seinen 16 000 Kunden nur ein Zwerg im Vergleich zur Telekom. Die Marktakzeptanz von Teles ist einfach zu gering. (2)

Das Marktforschungsunternehmen Forrester hat

ermittelt, dass knapp die Hälfte der Unternehmen dabei ist, mobile Lösungen zu implementieren. Es wurden hierbei 1 000 Unternehmen in den USA und Europa befragt. In Europa setzen die Unternehmen deutlich stärker auf Mobility als in den USA, in denen noch 48 Prozent der Befragten nichts von drahtlosen Anwendungen wissen möchten. In Europa sind dieses nur etwa 38 Prozent. (3)

## Weiterführende Literatur

(1) Wimax bringt hohes Datentempo in die Diaspora aus Frankfurter Allgemeine Zeitung, 26.07.2005, Nr. 171, S. T2

(2) Telekom bekommt starke Konkurrenz im Internet aus Frankfurter Allgemeine Zeitung, 25.07.2005, Nr. 170, S. 19

(3) Nach dem Ende des UMTS-Technik-Hypes rücken die ortsunabhängigen Anwendungen in den Mittelpunkt Der Mittelstand holt bei Mobility auf aus Computer Zeitung, Heft 30, 2005, S. 17

(4) Für jeden Zweck die perfekte Welle aus Stuttgarter Zeitung, 29.06.2005, S. 10

(5) Fliegender Wellenwechsel Notebooks und Handys springen künftig mühelos zwischen verschiedenen

Netzen hin und her - und keiner merkt's
aus Financial Times Deutschland vom 16.06.2005,
Seite 29

(6) Die nächste Generation von Funknetzen - Weit und schnell
aus iX - Magazin für professionelle Informationstechnik, 7/2005, S. 101

(7) Wimax soll den Markt für mobiles Internet aufrollen
aus c't - Magazin für Computertechnik, 15/2005, S. 132

# Impressum

## Datenübertragung - Drahtlose Übertragungsstandards auf dem Vormarsch

**Bibliografische Information der deutschen Nationalbibliothek**

Die Deutsche Nationalbibliothek verzeichnet diese Publikation in der deutschen Nationalbibliografie; detaillierte bibliografische Daten sind im Internet über http://dnb.d-nb.de abrufbar.

ISBN: 978-3-7379-2796-3

© 2015 GBI-Genios Deutsche Wirtschaftsdatenbank GmbH, Freischützstraße 96, 81927 München, www.genios.de

Alle Rechte vorbehalten. Dieses Werk ist einschließlich aller seiner Teile – z.B. Texte, Tabellen und Grafiken - urheberrechtlich geschützt. Jede Verwertung außerhalb der Grenzen des Urheberrechtsgesetzes bedarf der vorherigen Zustimmung des Verlags. Dies gilt insbesondere auch für auszugsweise Nachdrucke, fotomechanische

Vervielfältigungen (Fotokopie/Mikroskopie), Übersetzungen, Auswertungen durch Datenbanken oder ähnliche Einrichtungen und die Einspeicherung und Verarbeitung in elektronischen Systemen.